SUR GRIN VOS CONNAISSANCES SE FONT PAYER

- Nous publions vos devoirs
  et votre thèse de bachelor et master

- Votre propre eBook et livre –
  dans tous les magasins principaux du monde

- Gagnez sur chaque vente

Téléchargez maintentant sur www.GRIN.com
et publiez gratuitement

Bibliographic information published by the German National Library:

The German National Library lists this publication in the National Bibliography; detailed bibliographic data are available on the Internet at http://dnb.dnb.de .

This book is copyright material and must not be copied, reproduced, transferred, distributed, leased, licensed or publicly performed or used in any way except as specifically permitted in writing by the publishers, as allowed under the terms and conditions under which it was purchased or as strictly permitted by applicable copyright law. Any unauthorized distribution or use of this text may be a direct infringement of the author s and publisher s rights and those responsible may be liable in law accordingly.

Imprint:

Copyright © 2017 GRIN Verlag
Print and binding: Books on Demand GmbH, Norderstedt Germany
ISBN: 9783668645042

This book at GRIN:

https://www.grin.com/document/412827

Adina Kuhn

La structure du lai de Guigemar de Marie de France par application de la théorie d'espace de Iouri Lotman

GRIN Verlag

GRIN - Your knowledge has value

Since its foundation in 1998, GRIN has specialized in publishing academic texts by students, college teachers and other academics as e-book and printed book. The website www.grin.com is an ideal platform for presenting term papers, final papers, scientific essays, dissertations and specialist books.

Visit us on the internet:

http://www.grin.com/

http://www.facebook.com/grincom

http://www.twitter.com/grin_com

La structure du lai de *Guigemar* de Marie de France
par application de la théorie d'espace de Iouri Lotman :
Une tentative d'étude

Table des matières
1. Introduction 1
2. Quelques observations sur la structure du lai de *Guigemar* 1
3. Application de la théorie lotmanienne d'analyse narrative sur le lai de *Guigemar* 4
4. Conclusion 7
5. Bibliographie 8

1. **Introduction**

Le lai de *Guigemar* de Marie de France est considéré comme un conte qui est riche d'étapes. Ainsi, l'objectif de ce travail est d'étudier la structure du lai en consultant des opinions existantes et les continuer. Pour y parvenir, on a essayé de rassembler quelques perspectives concernant la structure dans le deuxième chapitre. Parce que le lai de *Guigemar* présente plusieurs changements de lieu, il paraît opportun de considérer complémentairement aux propositions existantes une analyse narrative qui se concentre sur l'organisation spatiale au lieu d'une répartition temporelle. Pour cela, il suit dans le troisième chapitre une tentative d'appliquer la théorie d'espace du philologue russe Iouri Lotman. Parce qu'il a développé une théorie qui est conçue pour la littérature narrative en général, il est supposé qu'il ne devrait pas poser des problèmes de l'appliquer sur la littérature médiévale. Tout d'abord un bref commentaire introduit sa pensée. Pour ce faire, on a consulté de la littérature secondaire et des traductions de l'original russe en français et en allemand, par manque de connaissances russes. Ensuite, on a essayé d'appliquer la théorie lotmanienne sur le lai de *Guigemar*. Dans ce cadre, il importe de souligner que cette étude n'est pas du tout exhaustive, mais veut simplement prouver que les stations dans ce conte de Marie de France sont chargées d'une sémantique spécifique. En utilisant cette théorie d'espace, on peut analyser le lai de manière plus approfondie.

Pour illustrer les comparaisons des espaces du texte, on a inclus des extraits du lai en ancien français. La référence de base est l'édition *Lais de Marie de France* de Laurence Harf-Lancner et Karl Warnke, publié par la Librairie générale française à Paris en 1992.

2. **Quelques observations sur la structure du lai de *Guigemar***

Marie de France commence le lai de *Guigemar* avec une courte introduction générale et informe que sa première aventure racontée avait lieu en petite Bretagne[1]. Elle raconte qu'y vit Guigemar, un chevalier sage, vaillant et le plus beau du pays[2]. Mais comme la poétesse est connue pour son style bref et direct,

---

[1] L., HARF-LANCNER / K., WARNKE, *Lais de Marie de France*, Paris, 1992, p. 27, v. 24-26.
[2] *Ibid.*, p. 29, v. 37-43.

on découvre à côté de ses qualités aussi une grande problématique : "La Nature avait commis une faute en le formant"[3] :

> De tant i out mespris nature
> que unc de nule amur n'out cure.
> Suz ciel n'out dame ne pucele,
> ki tant par fust noble ne bele,
> se il d'amer la requeïst,
> que volentiers nel retenist[4].

Outre ses bonnes qualités chevaleresques, le jeune homme ne s'intéresse pas aux femmes. Il en résulte des tensions entre sa vie personnelle et sa vie sociale : parce qu'il est le fils unique, il est obligé de se marier un jour et engendrer des héritiers[5]. Cela se reflète dans le passage où on découvre que des étrangers et même ses amis pensent qu'il est stérile[6] :

> Nuls ne se pout aparceveir
> que il volsist amur aveir :
> Pur ceo le tienent a peri
> e li estrange e si ami[7].

Il s'agit d'une une situation de départ typique dans les contes de Marie de France : un déséquilibre[8]. Ce qui suit est souvent l'histoire d'un héros qui doit s'éprouver dans un ou plusieurs défis. Le but de rétablir l'équilibre se trouve aussi dans *Bisclavret, Eliduc, Fresne, Lanval* et *Milon*[9].

Comme Rupert Pickens a constaté, cette situation initiale montre que trois forces puissantes sont en relation et ils vont pousser toutes les actions du lai : à savoir Dieu, la Nature et l'Amour[10]. Plus particulièrement, son défaut a quelque chose à voir avec la Nature et l'Amour et Dieu contrôle sa destinée[11]. Ainsi Guigemar est déterminé à l'accomplir.

Après cette introduction, on découvre que le héros va chasser dans la forêt. C'est la partie du lai où on trouve des traits folkloriques comme la biche avec la

---

[3] L., HARF-LANCNER / K., WARNKE, *Lais de Marie de France, op. cit.*, p. 29, v. 57.
[4] *Ibid.*, p. 29, v. 57-62.
[5] J., BRUMLIK, « Thematic irony in Marie de France's *Guigemar* », 1988, p. 5.
[6] L., HARF-LANCNER / K., WARNKE, *Lais de Marie de France, op. cit.*, p. 29, v. 67-8.
[7] *Ibid.*, p. 29, v. 63-8.
[8] P., MENARD, *Contes d'amour et d'aventure du Moyen Age*, Paris, 1979, p. 154.
[9] *Ibid.*, p. 155.
[10] R. T., PICKENS, « Thematic Structure in Marie de France's *Guigemar* », 1974, p. 330.
[11] *Ibid.*

compétence de parler et la flèche qui revient pour blesser Guigemar[12]. En outre, le navire appartient également au groupe et est aussi visible dans la légende de Tristan[13]. Le merveilleux a la fonction d'apporter l'aventure et fait partie de la progression de Guigemar : sans la biche, il ne se mettrait pas en route pour guérir sa blessure.
Dans ce navire, le héros passe dans un autre monde. C'est dans ce nouveau pays que Guigemar apprend à désirer et à aimer une femme. Après un certain temps de bonheur ensemble, Fortune intervient et ils sont découverts[14]. En dépit de la colère du roi, Guigemar peut partir dans le navire :

> Al hafne sunt ensemble alé.
> La barge truevent, enz l'unt mis :
> od lui s'en vet en sun païs[15].

Guigemar reste triste sans sa dame et ne peut pas tomber amoureux de nouveau. Selon Rupert Pickens, le héros est obligé de regagner la dame une deuxième fois dans une région intermédiaire, à savoir le château de Meriaduc[16]. Le lai se termine avec leur réunion, mais avec une fin ouverte car on ne connaît pas leur plan futur.

Concernant la répartition du lai, Rupert Pickens propose de parler "d'une structure circulaire avec les stations Petite Bretagne, *antive cité*, la Petite Bretagne et les régions intermédiaires"[17].
Comme on vient de décrire dans ce chapitre, Guigemar a passé plusieures étapes pour accomplir sa destinée. On pourrait même voir une similitude avec une typique caractéristique structurelle du roman arthurien, appelé '*Doppelwegstruktur*' ou '*Doppelkursus*' d'après Hugo Kuhn[18].
Par contre, Koopmans et Verhuyck proposent une "tripartition du lai et de distinguer la conquête du *je*, la conquête du *tu* et la conquête de la société"[19].

---

[12] P., MENARD, *Contes d'amour et d'aventure du Moyen Age*, Paris, 1979, *op. cit.*, p. 154.
[13] *Ibid.*, p. 161.
[14] L., HARF-LANCNER / K., WARNKE, *Lais de Marie de France, op. cit.*, p 53, v. 538-542.
[15] *Ibid.*, p. 56, v. 618-20.
[16] R. T., PICKENS, « Thematic Structure », art. cit., p. 337.
[17] *Ibid.*, p. 341.
[18] D. GREEN, « Erzählstrukturen der Artusliteratur.», 2001, p. 873.
[19] J., KOOPMANS /P., VERHUYCK, « Guigemar et sa dame », *Neophilologus*, 68 (1968), p. 16-7.

Evidemment, le lai de *Guigemar* présente de changements de lieu. Ainsi il paraît opportun de considérer complémentairement aux propositions ci-dessus une analyse narrative qui se concentre sur l'organisation spatiale au lieu d'une répartition temporelle. Le prochain chapitre explorera alors une approche selon le sémioticien Iouri Lotman.

3. Application de la théorie lotmanienne d'analyse narrative sur le lai de *Guigemar*

La notion de l'espace

Le philologue russe Iouri Mikhailovich Lotman a développé une théorie d'espace qu'il a appliqué aussi sur les textes littéraires. Contrairement à d'autres approches qui se concentrent sur la structure temporelle, il met l'accent sur l'organisation spatiale. Ainsi, il décrit que des textes littéraires sont basés sur une sémantisation d'espace spécifique et qu'ils contiennent des oppositions manifestes concernant l'organisation spatiale[20]. Cela signifie que des oppositions spatiales comme par exemple 'droit vs gauche' sont toujours liées aux significations normatives comme par exemple 'familier vs étrange' ou 'le bien vs le mal'[21]. On retrouve ces coïncidences significatives dans la présentation sémantique du texte[22]. Dans ce cadre, le modèle d'une bipartition avec deux sous-espaces est considéré comme le plus simple[23]. D'après la théorie lotmanienne, deux espaces opposés sont séparés toujours par une frontière. Cependant, beaucoup de textes sont à diviser plusieurs fois[24].

La notion de frontière et d'événement

Ainsi, Iouri Lotman a également examiné la signification de frontières dans la littérature. Selon lui, il arrive souvent que des personnages franchissent des frontières qui sont définies comme norme entre les sous-espaces oppositionnels[25]. Avec cela, il élabore aussi une définition de l'événement : "L'événement dans le texte est le déplacement du personnage à travers la frontière du champ

---

[20] I., LOTMAN, *Die Struktur literarischer Texte*, Münche, UTB, 1972, p. 313.
[21] T., KLINKERT, *Einführung in die französische Literaturwissenschaft*, Berlin, 2017, p. 118.
[22] *Ibid.*, p. 121.
[23] *Ibid.*, p. 118.
[24] *Ibid.*
[25] I., LOTMAN, Die Struktur literarischer Texte, *op. cit.*, p. 338-9.

sémantique"[26]. "De ce fait, ce n'est pas seulement l'ordre normatif du monde de fiction qui est interrogé ou déstabilisé, mais aussi l'ordre normatif de l'espace culturel"[27]. Le sémioticien spécifie cette transition comme un "moment révolutionnaire"[28]. Un texte qui permet au héros un tel passage de frontières est défini comme texte "avec sujet"[29].

Application de la théorie lotmanienne sur le lai de « Guigemar »
Comme déjà mentionné ci-dessus, on constate vite que Guigemar est obligé de changer l'endroit po se transformer : son désintérêt sexuel est lié à son pays natal, il rencontre le merveilleux dans la forêt et est transporté par le navire dans un nouveau monde. Par son urgence d'être guéri, il lui est possible de tomber amoureux d'une dame bienveillante qui est marié avec un mari jaloux.
Guigemar franchit alors la frontière entre les sous-espaces. De ce fait, il pénètre dans un territoire étrange et pire encore, dans l'enclos de l'épouse du roi.
Ainsi, on peut trouver des espaces oppositionnels divers : commençant par la binarité 'lieu de résidence de Guigemar vs la forêt', qui est sémantisée par 'la norme prédominante et le jugement vs la biche parlante et les autres faits merveilleux' :

> Pur ceo le tienent a peri
> e li estrange e si ami[30].
> vs
> Après (la bisse) parla en itel guise[31].

Ainsi, il s'agit d'une opposition entre un espace façonné des normes car tout le monde le trouve étarnge contre un espace où tout paraissait possible, ainsi sans normes ordinaires. En pénétrant la forêt, Guigemar dépasse cette frontière.
Après son trajet en navire, on trouve une grande différence sémantique avec l'opposition spatiale 'pays natal vs nouveau pays' qui démontre clairement l'évolution d'un héros désintéressé aux femmes vs un héros amoureux. Cette binarité est renforcée par l'opposition 'dans l'enclos vs dehors' : le premier est marqué par l'amour, de la sécurité et la guérison de sa blessure. Par contre le

---

[26] I., LOTMAN, *La structure du texte artistique*, Paris, Gallimard, 1973, p. 326.
[27] I., LOTMAN, *Die Struktur literarischer Texte*, *op. cit.*, p. 338-9.
[28] I., LOTMAN, *Die Struktur literarischer Texte*, *op. cit.*, p. 339.
[29] T., KLINKERT, *Einführung in die französische Literaturwissenschaft*, *op. cit.*, p. 119.
[30] L., HARF-LANCNER / K., WARNKE, *Lais de Marie de France*, *op. cit.*, p. 28, v. 67-8.
[31] *Ibid.*, p. 32, v. 105.

'dehors' est sémantisé par le négatif : le roi fâché franchit cette frontière après un certain temps et commande à Guigemar de quitter l'enclos et le pays. Heureusement pour le héros, il se défait de l'idée de le tuer. Ainsi, Guigemar est à nouveau confronté à des souffrances : cette fois le chagrin d'amour. On peut bien reconnaître l'opposition en regardant deux extraits associés :

> Des ore est Guigemar a aise.
> Ensemble gisent e parolent
> E sovent baisent e acolent[32].
>
> vs
>
> Li chevaliers suspire e plure ;
> la dame regrete sovent,
> e prie Deu omnipotent
> que il li doinst hastive mort[33].

Après ce temps insouciant dans l'enclos, Guigemar reste souffrant aussi en retour au pays natal. Pour cela, il devient clair qu'il doit retrouver la dame. En même temps, le destin de la femme renforce la binarité normative 'amour vs chagrin' : elle est aussi prise de son enclos et emprisonné dans une tour. Comme le héros, elle souffre d'une grande douleur, bien visible dans la réalisation sémantique :

> Dous anz i fu e plus, ceo quit ;
> unc n'i ot joie ne deuduit.
> Sovent regrete sun ami :
> 'Guigemar, sire, mar vus vi !
> Mielz vueil hastivement murir
> que lungement cest mal sufrir [34]!

D'après la théorie lotmanienne, la dame se comporte aussi héroïquement, parce qu'elle s'échappe de son emprisonnement après un certain temps douloureux et transgresse la frontière de son domicile pour quitter son mari.

A côté de ses deux figures héroïques, le lai présente aussi des 'figures statiques' : le roi jaloux, la nièce et le prêtre qui vivent autour de la femme et la biche blanche ne quittent pas leur espace.

La dernière station, le château de Mériaduc, permet la réunion des deux amants hors de ces espaces binaires sémantisés. Ainsi, il semble opportun de considérer

---

[32] L., HARF-LANCNER / K., WARNKE, *Lais de Marie de France, op. cit.*, , p. 52, v. 530-2.
[33] *Ibid.* p. 56, v. 622-5.
[34] *Ibid.*, p. 58, v. 665-70.

cette étape comme 'intermédiaire', d'après Rupert Pickens[35]. Même si on ne découvre pas les projets futurs de Guigemar et la dame, le château de Mériaduc est aussi le lieu où les épreuves de Guigemar sont finies[36] :

> A grant joie s'amie en meine.
> Ore a trespassee sa peine[37].

Une réunion ne sera pas possible dans l'espace où Guigemar est né ou dans l'espace où le marie jaloux de son amant vit, parce que ces endroits sont chargés d'une autre détermination significative.

4. Conclusion

Compte tenu des découvertes dans le chapitre précédant, il est bien possible d'appliquer la théorie d'espace de Iouri Lotman sur la littérature médiévale. On a observé que le héros a changé au fil du temps, mais de plus qu'il est effectivement possible de connecter ce développement avec les changements spatiaux. Même si les répartitions mentionnées dans le deuxième chapitre sont bien cohérentes, l'étude précédente avec la théorie lotmanienne a le potentiel d'ouvrir des nouvelles perspectives en clarifiant des constellations spatiales. Avant tout, l'examen de l'espace a montré que les deux personnages principaux sont obligés d'abandonner leur environnement connu pour se débarrasser de leur chagrin. En outre, on a reconnu que d'après la théorie lotmanienne, on peut parler de deux personnages héroïques dans le lai de *Guigemar*, parce qu'ils éprouvent un développement en transgressant des frontières. Comme déjà annoncé dans l'introduction, il convient de rappeler qu'il s'agit uniquement d'une première tentative d'application. Des études ultérieures pourraient approfondir l'analyse de l'espace en examinant la réalisation concrète de la sémantisation d'étapes mot à mot. De plus, il faudrait vérifier si l'on trouve des parties dans le lai qui ne soutiennent pas l'opposition spatiale ou qui même ne s'adaptent pas à ce schéma. En outre, des examens complémentaires pourraient envisager d'étudier aussi les autres lais de Marie de France avec la prise en compte de la théorie lotmanienne présentée. Ainsi, on pourrait constater si des oppositions d'espace sémantisées ne se laissent trouver que dans le lai de *Guigemar*.

---

[35] R. T., PICKENS, « Thematic Structure », art. cit., p. 337.
[36] L., HARF-LANCNER / K., WARNKE, *Lais de Marie de France, op. cit.*, p. 69, v. 882.
[37] *Ibid.*, p. 68, v. 881-2.

Pour conclure, on peut dire que le déplacement du héros est évidemment loin d'être aléatoire. De cette manière, Marie de France a essayé de raconter un conte intéressant et divertissant tout en insérante une critique sociale.

5. Bibliographie

Littérature primaire

HARF-LANCNER, Laurence / WARNKE, Karl, *Lais de Marie de France*, Paris, Librairie générale française (Livre de poche, 4523. Lettres gothiques), 1992.

Monographies

KLINKERT, Thomas, *Einführung in die französische Literaturwissenschaft*, Berlin, ESV – Erich Schmidt Verlag, 2017 (1re éd. 2000).

LOTMAN, Iouri *Die Struktur literarischer Texte*, trad. par. Rolf-Dietrich KEIL, München, UTB – Uni Taschenbücher, 1972.

LOTMAN, Iouri, *La structure du texte artistique*, Paris, Gallimard, 1973.

MENARD, Philippe, *Les Lais de Marie de France : Contes d'amour et d'aventure du Moyen Age*, Paris, Presses Universitaires de France, 1979.

Articles

BRUMLIK, Joan, « Thematic irony in Marie de France's Guigemar », *French Forum*, 13 (1988), p. 5-16.

GREEN, Dennis H., « Erzählstrukturen der Artusliteratur. Forschungsgeschichte und neue Ansätze by Friedrich Wolfzettel and Peter Ihring », *The Modern Language Review*, Vol. 96 No. 3 (2001), p. 872-874.

KOOPMANS, Jelle / VERHUYCK, Paul, « Guigemar et sa dame », *Neophilologus*, 68, 1984, p. 9-21.

PICKENS, Rupert T., « Thematic Structure in Marie de France's Guigemar », *Romania*, tome 95 n°378-379 (1974), p. 328-341.

RENNER, Karl N., « Grenze und Ereignis », *Norm – Grenze – Abweichung. Kultursemiotische Studien zu Literatur, Medien und Wirtschaft. Festschrift für Michael Titzmann*., ed. by Gustav FRANK, Wolfgang LUKAS, Passau, Verlag Karl Stutz, 2004, p. 357-381.

SUR GRIN VOS CONNAISSANCES SE FONT PAYER

- Nous publions vos devoirs
  et votre thèse de bachelor et master

- Votre propre eBook et livre –
  dans tous les magasins principaux du monde

- Gagnez sur chaque vente

Téléchargez maintentant sur www.GRIN.com
et publiez gratuitement